Fredy NZAMBA

Qui suis-je ? Quand rien ne ressemble à ce que je veux

Fredy NZAMBA

Qui suis-je ? Quand rien ne ressemble à ce que je veux

La vie peut parfois être désagréable

Éditions Croix du Salut

Imprint
Any brand names and product names mentioned in this book are subject to trademark, brand or patent protection and are trademarks or registered trademarks of their respective holders. The use of brand names, product names, common names, trade names, product descriptions etc. even without a particular marking in this work is in no way to be construed to mean that such names may be regarded as unrestricted in respect of trademark and brand protection legislation and could thus be used by anyone.

Cover image: www.ingimage.com

Publisher:
Éditions Croix du Salut
is a trademark of
Dodo Books Indian Ocean Ltd. and OmniScriptum S.R.L publishing group

120 High Road, East Finchley, London, N2 9ED, United Kingdom
Str. Armeneasca 28/1, office 1, Chisinau MD-2012, Republic of Moldova, Europe
Printed at: see last page
ISBN: 978-620-6-16997-0

Aujourd'hui je viens de vivre quelque chose que je n'aurais jamais voulu comme résumé de ma vie pour la première fois je suis hystérique face à un problème dont je ne contrôle plus rien je panique comme je n'ai jamais paniqué j'enfonce mon âme dans un profond sommeil pour qu'il ne puisse pas voir ce que je viens de faire oui j'avoue que ce que je viens de faire n'ai pas digne d'un homme je ne pense même plus me regarder en face oh Dieu viens au secours de mon âme qui n'a plus de force mes larmes coule sans plus s'arrêter comme une veuve qui vient de perdre son mari et se voit tout arracher de sa belle-famille vers qui irai-je pourquoi ce déluge ou est l'arche pour me porter et me faire descendre quand tout se calmera je saigne je suis terrifié j'ai peur j'aurai jamais pensé vivre cela papa ou es-tu que fais-tu dans la tombe pourquoi m'as-tu abandonné jusqu'à quand souffrirai-je n'a-t-il pas de fin paisible dans mon histoire alors d'où vient ce vent méchant qui me pousse d'être odieux à ma propre vie maintenant je suis comme un chien qui erre pour ce trouvé une meute dans la vie mon cœur se déchire ma poitrine s'enfle je suis prêt à exploser personne pour m'aider je me sens exclu de mon propre corps tout dissout comme du sucre plonger dans de l'eau chaude je cherche à me sauver et ne plus regarder dernière moi je veux tout oublié pitié mon subconscient ne télécharge rien de ce que mon âme te donnera disette, disette ou es-tu famine envahi moi et que je ne sois plus conscience de ce que j'endure me voilà trainant dans les rues plus personnes pour me tendre la main car pour eux je ne suis qu'un refugier au milieu d'eux oh Dieu donne du repos à mon âme frappe lui de mort et ne le réveil point car ce qui était pour moi la vie est devenu désolation humiliation rejet moquerie je marche avec les yeux baisser car ce qui me servait de dignité a disparu qui me sortira des griffe de ma souffrance et portera ma douleur car j'en peux plus ce fardeau deviens de plus en plus lourd à porter qui me délivrera de ses liens car je suis seule dans une fournaise ardente impatient de voir l'homme au visage de fils de Dieu qui n'a toujours pas encore apparu dans ma détresse je prends des coups fur et à mesure que j'y pense qu'elle est l'erreur que j'ai faite dont je ne peux fuir le châtiment de mon sort même le prisonnier ce réjoui de ce qui m'arrive car ma liberté ne saurai concurrencé avec son incarcération puis-je retourné dans les entrailles de ma mère car à beau cherché l'issu de secours je me pers dans un trou sans fin ou est tu mère ne vois-tu pas les souffrance de ton fils pourquoi j'ai du mal à t'entendre je pers le sang qui est la source de ma vie je suis perforé de partout je subis le plaisir à recevoir des poignard qui me dit je mérite de souffrir oui je le mérite cette voix est si forte que mon âme lui est soumis qui me sortira de cette prison je n'en peux plus toute ma chair est pressé comme du citron pour me vider de toute l'acidité de mon âme le sommeil à maintenant horreur de mes yeux je suis devenu ami à la douleur qu'ai-je fais à la vie pour ne pas avoir le recueillement dont j'ai besoin à quoi bon vivre mon âme n'as-tu pas honte de ton sort crie aussi fort que tu pourras cela changera-t-il quelque chose on ta condamné sans te donné l'occasion de t'expliquer on a libéré sur toi des paroles blessante et traumatisante j'aurais aimé l'entendre et me faufilé comme un serpent qui rampe en tirant sa malédiction ou me caché comme la tortu de peur de marcher lentement et me faire dévoré par plus fort que moi oh ou m'échapperai-je tous les issu sont fermé oh Dieu n'écoute tu pas m'as voix qui s'évapore par la tribulation du vent oh vent ne perd pas mon message ne le fais pas erré dans le désert du vide prête-moi la bonne orientation de ta boussole n'égard pas ma prière dans le transport incompris n'ai-je pas assez erré sans réponse qui me sortira de ma douleur du long de mon chemin je ne vois que désastre et diffamation qui m'aidera à porter le joug de ma souillure qui s'humiliera pour prendre ma place me voilà dormir à la belle étoile et personne ne se soucie de moi ma face à perdu la lueur de son rayonnement car me voici confronté au reflet de la réalité que dire coupable à la barre et assume les fardeaux qui pèse sur toi je compte surement sur l'indulgence du juge du fait qu'il verra mes habiles usé mes chaussures décollé mon visage abattu peut être cela me portera faveur en son égard qu'a tu fais fils dit-il pour te trouver dans mon instance de justice moi prenant la parole en disant la douleur de mon âme me transporte dans des endroits stérile me voilà abusé de ne rien comprendre ce qui m'arrive je m'évertue à chercher la cause dans le vin les femmes la drogue me voilà comparable à un bateau emporté par le typhon de mer je suis noyer par la déchirure de mes émotions de quoi voir l'ombre de la mort comme la naissance d'un nouveau-né humilier j'en connais abusé j'en connais violé j'en connais battu j'en connais mon corps est devenu la reprise esclavagistes des colons mon dos est cicatrisé par le fouet de leur chicotte en liane le simple fait de les entendre prononcé mon nom m'épouvante en me disant au-dedans de moi qui me délivra de leur emprise qui brisera les chaine qui me lie et m'empêche de fuir mais la douleur du fouet me rappelle que je suis une souris piégé par la gourmandise de prendre ce qui n'est pas à moi et englouti par des chats qui abuse de moi pourquoi il fallut que je naisse car en moi les beaux souvenir de la vie sont que flache à la vitesse de l'éclaire l'obscurité est devenu le passe-temps de mon âme comme j'aimerai voir la lumière du dehors mais une voix ce fait entendre souffrance , souffrance que désir tu de plus tout est devenu aride autour de moi je suis pareil qu'une femme qui a été déshonoré et par la suite craché de dessus mon beau visage est devenu nauséabonde car mon âme se plait dans des source d'eau amère je suis la risée des lieux et des endroits où je me trouve d'autre me considère même comme impur qu'elle crime ai-je commis pour mériter la lourde sanction qui pèse sur moi les charges déposer contre moi sont incommensurable je me retrouve à être une balle dans un terrain de football ne sachant pas si je serai la victoire ou bien la défaite comment le dessein de ma vie a fait pour arriver à ce stade qui en ai réellement l'auteur de la catastrophe dégoutante je suis une sauce sans sel rejeter par toute la clientèle celui qui ose me gouté regrette d'avoir été né des entrailles d'une femme vierge oh juge qui me délivrera de mon sort serpent pourquoi ma tu mordu et contaminé de ton venin me voilà castré par le joug de ma culpabilité je suis devenu par ma propre sagesse un impie me prostituant à l'insensé de ma penser et à l'idolâtrie de mon raisonnement plus rien a de valeur pour moi ce qui était un grain de lumière dans mon âme pour moi s'évapore pour donner place à un fond noir qui est embelli par l'obscurité de sa laideur me voilà conquis par un étranger un indésirable violant en parole et cruelle en acte il n'a rien à foutre de la douleur que peut ressentir mon esprit plus qu'il est complice avec ma chair pour me faire du mal en m'entrainant de lieu en lieu où l'espoir est considéré comme une condamnation perpétuel et le désespoir est vénéré comme le chemin de la vérité aussi loin qu'il m'attire dans ses profondeur je suis confondu et l'intolérable est devenu permise dans mes mœurs me voilà coincé par sa bouche et percé par ses dents la douleur m'est devenu acquise et normale même une opération sans anesthésie ne sauré me faire réagir à l'état d'inconscience ou je me trouve car rien ne compte pour lui si ce n'est me faire disparaitre de ce monde oh juge pourquoi tant de tribulation ma vie ne vaut pas mieux que le monde et mon âme plus que la diversité naturelle du monde n'est-ce pas toi qui connait toute chose comment saurai-je ce que je fais dans ton tribunal que me vaut le plaisir d'être la devrai-je comprendre que ma lettre t'es finalement parvenu pour que tu trouves le bon sens de mon existence qui n'est que les restes que le monde donne de moi après m'avoir user, épuiser, fatigué et malmené maintenant je suis qu'une épave même la voiture user et dégradé à plus de valeur que moi le chien est fier car son pain est meilleur que le mien qui me sortira de cette fosse dont les ténèbres mon tendu une embuscade et me voici assujetti à leur perversité atroce qui ne fait pas la différence entre le fils et le père la mère et la fille l'homme et la femme nous sommes considérés comme leur ordure et le dépôt de leur désobéissance incessante oh juge plaide pour moi car ils sont là pour m'accusé et crie d'une manière forte dans la salle la mort est mon sort la pendaison est mon prix plus de retour pour moi je leur suis esclave et asservie pour la vie et après la mort toutes les forces humaine rassemblé ne peuvent me retirer de leur bras aussi dur que du fer car la sagesse humaine n'est qu'un bénéfice réalisé à leur profit afin de manipuler et tromper l'homme oh juge toi qui connait ce qui est dans les ténèbres ne vois-tu pas la souffrance d'un homme dépravé corrompu par la malice de leur séduction me voilà entre leur filet parlant leur langage buvons dans la même coupe qu'eux qui conduit au flamme éternel à cause de leur rébellions si toi juge suprême tu n'as pas pu arrêter leur rebellions à plus forte raison moi que tu as créé de la poussière ne serai-je pas un temple de leur perversion, une demeure de leur atrocité me rendant coupable à tes yeux pour que je leur aide à porter le fardeau de leur désobéissance n'as-tu pas vu ce qu'ils ont fait au premier homme le rendant odieux devant ta face rejetant sur lui la faute de leur péché qu'ils portaient de depuis le ciel ils ont inondé le monde de leur odeur infecte qui se propage de génération en génération touchant homme femme et enfant personne n'est épargné car dès le sein de ma mère je suis déjà porteur du fruit de ce péché il semble que l'issu est difficile à trouver pour nous les hommes car nous voilà confronté à résister à ce qui est mille fois supérieur à notre force physique n'aurais-tu pas voulu qu'on soit aisé lorsque tu créas l'Eden ou n'aurais-tu pas su qu'ils viendront nous faire la guerre dans une affaire dont-on ne connait ni le début ni la fin on est comme emballer dans un problème et personne ne veut nous dire quoi faire pour réellement en sortir je suis traité de méchant de criminel de violeur de voleur d'escroc parce que j'ai pas su faire le bon choix de choisir la vie au lieu de la mort qui mange mon âme avec douceur et appétit en me faisant avaler leur mensonge qui me pousse à me rebellé contre toi au détriment de ta volonté en moi je ne peux nié que ma chair est de mèche avec eux répondant à leur envi jusqu'à accomplir des désir dépassant tout entendement humain parce qu'ils non pas toujours digérer le fait que tu leurs as valsé de ton royaume dont toi seule est maitre et les répercutions s'abatte sur les hommes que tu as créé pour t'irriter en conduisant des hommes dans leur pire pensé et par la suite leur exposé au monde qui devra les lapidé car cela n'est nullement tolérable qu'un homme perdant sa virilité d'homme pour se faire coucher comme une femme par un homme et la femme qui a perdu son véritable désir qui doit se porter vers un homme se voilà couché comme un homme par une femme d'autre vont même jusqu'à coucher avec une espèce défirent de l'homme on est perdu dans un désir que nul homme ne peut nous en délivré on est un temple pour leur perversité une adoration pour leur dieu ils nous trompe par les richesses et les biens de ce monde dont ils nous font croire que sa leur appartient et le moyen de le posséder s'est de répondre à leur fantasme qui ne prend pas compte de la dignité ou de l'humanité de l'homme ils n'ont rien à foutre qu'on soit rejeter par toi car s'est même le but de tout leur désordre en nous, nous proposant des pouvoirs, des statuts, des renoms qu'ils avaient autre fois à tes cotés pour nous perdre et contrôler notre âme afin qu'il n'ait plus de lueur pour nous de revenir en arrière et de recevoir le pardon de nos péchés ils nous occupes par toute sorte de choses qui fait du bien à notre âme pour un court instant et après l'avoir utilisé le laisse abandonner à sa souffrance intérieur celle d'être loin des principes qui régis un être humain créé à ton image nous voilà plongé dans des drogues dans l'alcool dans le sexe pour fuir les impie qu'ils ont fait de nous on est leur chiffons et ils prennent plaisir à nous essuyé partout sans notre accord nous donnant l'apparence qu'on va bien en nous cavant de bijoux de voiture de maisons d'argent qu'on possède en échange de notre véritable paix à quoi me sert tous ses biens si mon âme ne connait plus la paix oh juge que puis-je te caché ma vie est un livre ouvert entre tes mains même ce que je ne vois pas tu vois ce que je n'entends pas tu entends mon fardeau est lourd mon joug pèse je trimballe mon péché de ville en ville qui pourra me le débarrasser l'homme ne subit-il pas le même problème que moi pour que je puis me tourné vers lui peut-il porté le fardeau de mes accusateur et me délivrer de leur lien qui m'enroule de partout comme un gibier prêt à être immoler qui me sortira de la fosse au lion qui me délivrera de la fournaise ardente dont le feu étranger me consume par ses flammes qui me sortira de ce chao dont je suis rentrée malgré les avertissement de ne pas en ressortir toutes les charges retenu contre moi dont mentionne mon accusateur est avérer car en moi est la semence de son mensonge et le fruit de son péché je n'ai plus rien d'autre qu'un corps ambulant au précipite de la mort croyant à un miracle de revoir vivre mon esprit et mon âme qui m'a été volé par l'ignorance de choisir ce qui frappe aux yeux et me conduit à l'agoni de la mort j'aimerai tout arranger de mon vivant me donner une chance de recommencer je refuse de terminer dans cette condition ou ma vie va dans tous les sens je pense que cela est possible bien que je sais pas comment m'y prendre où par où commencer mais je suis capable de tout abandonné travailler pour que cela devient possible s'il me faut de sacrifice sur tous les plans je donnerai des moyens pour y arrivée j'ai juste besoin d'un guide d'un conseiller qui pourra porter mes fardeau et m'en débarrasser j'apprécie le traitement humain par tous ses génies de la psychologie mais qui ne saurait effacé le péché d'un homme et le redonner une nouvelle nature celle dont le divin seule peut accorder à un être mortel aujourd'hui le monde est déchiré dans les 4 coins du globe en voulant imposé à l'autre ce qui a mal fonctionner chez lui un refus est considérer comme une déclaration de guerre la volonté de l'autre à peu d'égard leur yeux je ne suis qu'un insensé qui aimerai comprendre ce que je n'ai jamais compris montre-moi la voie que j'ai perdu celui où une âme se réconcilie avec l'humanité qu'il a vendu de ses propres main afin de donner place aux choses éphémères qui stimule la vie pour un temps sauf que les conséquences non aucun remord lorsqu'ils surgirent me voilà perdu cherchant la paix comme de l'or tellement j'ai invité des choses dans ma vie sans faire attention aux persécutions avenir qui pouvait retombé sur moi au cas où s'allait pas bien se passé je crois que si le mal existe alors le bien existe aussi si la guerre existe alors il est de même que la paix aussi si la haine existe personne ne saurai dire qu'il y a pas d'amour bien des choses sont passé devant et je n'ai pas estimé leur valeur j'ai concentré ma vie sur moi en croyant que tout tournait autour de moi je suis étonné que je suis vivant jusqu'ici après tout ce que j'ai fait alors que beaucoup sont mort avec leur fardeau personne pour leur alléger une mort pénible par ce que la vie peut te faire endurer si tu décides de tricher en empruntant la vie facile je n'ai rien mérité pour me tenir encore en vie devant toi qui voit les profondeurs des pensées mêmes les plus atroces qui nait du cœur des hommes méchant comme nous d'ailleurs tu laisses à l'homme le libre choix de décider ce qui le convient de faire bien que les résultats parle d'elle-même des guerre, des divisions culturel et religieuse , des puissants qui se discute un trône dont la gloire un rempli du sang d'innocent le pouvoir des hommes est avantageux quand celui qui la contrôle à le cœur qu'il faut s'est pourquoi il n'est pas convenable de confié le pouvoir à n'importe qui au risque de revivre le massacre de Hitler bien que nous savons que dans ce monde il y a des gens qui font pire que Hitler en passent par d'autre méthode nul autre que les armes et les bombes atomique ce choix que tu as donné à l'homme je ne dirai pas qu'il soit bon ou pas mais tu connais tellement le cœur et la pensée de l'homme ce qu'il est capable de faire même avant qu'il ne le fasse je comprends que tu n'es pas un Dieu dictateur ni un Dieu abus de pouvoir bien que tu en a cette capacité de l'utiliser mais tu ne le fais pas par amour et fidélité de ta propre loi je l'accepte sans me mentir à moi-même car la vie de celui qui est en péril n'est pas celle de mon voisin ou voisine ni celle d'un parent ou d'un ami surtout pas la tienne il s'agit de ma vie dont j'ai fait le choix de suivre la voie qui conduit à la mort me voilà coincé sur ce choix dont j'ai besoin d'aide pour m'en sortir j'ai tellement chercher des solutions par moi-même jusqu'adorer des faux dieux qui avait pour but de me garder dans l'ignorance et la naïveté des biens des richesses du matériel de la popularité qui était censé m'approché de toi mon plutôt éloignée de toi parce que j'ai considéré ses choses supérieurs à tout dans ma vie au lieu de toi qui est propriétaire de tout comme je te l'ai dit je veux faire la paix avec celui qui dans mon mal ne m'a pas jugé ni condamné il n'a jamais pensée une fois me voir mourir mais plutôt que je revois ma conduite et mes voies insensé sachant que le travail ne sera pas d'une alène facile mais si j'ai pu persisté des années et des années dans ce qui était mal pourquoi pas à plus forte raison je le ferai dans ce qui est bien toutefois non pas ma volonté mais ta volonté car l'homme change d'un moment à l'autre sans savoir qu'il à changer l'homme est un être prometteur mais peu fidèle à ses promesses ont fait face à des milliers de penser qui traverse nos esprits en longueur de journée qu'on a du mal parfois à savoir ce qu'on veut d'ailleurs on fait même ce qu'on ne comprend pas peut être on se sent plus vivant en faisant certaine chose qui nous dépasse en terme de compréhension car aujourd'hui un homme devient femme et une femme devient homme le chercheur ou le scientifique ou le philosophe parlera certainement de la mutation de l'homme qui n'a pas fini de se développer parce qu'ils ne savent à vrai dire comment justifié une telle chose d'autre parlerons de trouble moreaux par des études appondis comme des gens spécialisé à la guérison de la pensée dans nos cabinet de sante pour nous proscrire des solutions ce qui doit être applaudit et félicité mais qui de vous connait réellement la pensée de l'homme pour lui éviter de faire tout ce qu'il fait ou à envi de faire le problème de la pensée ne peut être régler d'un homme qui produit aussi la même pensée en lui on peut se dire si j'avais le don de lire la pensée de l'homme le monde serai meilleur si s'était le cas Dieu aurait permis que chaque homme écoute la pensée de l'autre sans que ce dernier aurait ouvert la bouche au préalable mais à vrai dire Dieu nous a évité le pire carnage que le monde aurait pu avoir si la pensée de l'homme était entendu audible-ment comme s'il était en train de parler le fait que l'homme à une penser n'est pas le problème mais le fait qu'il ne la contrôle pas peut être dévastateur pour lui la penser est le siège où est loger toute les information recueilli par l'extérieur ou bien l'intérieur pour produire l'effet ou la conséquence d'une décision qui est parfois matérialiser par des actes positif ou négatif selon l'individu cela laisse aussi à croire que ses l'endroit où vous êtes le plus vulnérable et le plus faible si on touche votre penser s'est tout en vous qu'on a touché votre penser est le pentagone de votre cœur ou se cache les secrets les plus agréables comme les secrets les plus désagréables s'est pourquoi l'homme est prêt à tout faire s'il faut même à vendre sa propre vie pour garder le secret de sa penser mais malheureusement oh juge tu es le seul être dans les cieux comme sur la terre capable de connaitre chaque compartiment de ce que je pense et envisage même de faire avant même que cela me passe par la tête tu connais les moindre information sur moi le type d'homme ou de femme que je suis par ma pensée je suis classé dans une certaine catégorie de tes archives pour mieux suivre mon dossier de prêt pour ne pas me perdre de vue et avoir un bon suivi du patience que je suis ce qui est bien pour la société afin qu'on est une vie sécurisé et protéger de nos penser qui peuvent parfois déraper par des décisions violente et radicale capable de conduire à la mort de soie ou du prochain l'ingérence de la pensée provoque l'instabilité de choix que nous pouvons prendre en période de trouble on se tend vers la facilité lorsque le malheur s'abat sur nous comme une foudre en fureur et la pensée qui traverse le plus grand nombres est la gratuité de sombrer d'abord part des envies et des idées parfois obscure au lieu de opté pour la tranquillité de l'âme et le bras tendu de la paix on préférera se jeter dans l'émotion cruelle de ce qui stimulera le fait qu'on a mal et que personne d'autre ne peut comprendre ce qu'on vie ou endure en froissant l'opinion ou les paroles parfois peut confortant de nos proches la mesure émotionnelle aura atteint son point rouge que tout point vert dans ton cerveau sera jugé inadmissible d'apporter sa préoccupation de te faire changer d'avis au vu de la situation que tu traverses tellement en toi tu possèdes une fonction convertir les bonnes ondes en ondes négatif contagieux devient ton irritation envers toi-même car tu réalises que le terme monstre figure dans ton ADN et dont tu as du mal à te débarrasser pire même de constater que ton âme croupi par la peste qui rend laid ton cœur et dont personne ne s'approche pour découvrir ce qu'elle a à proposer

A vrai dire le monde telle que tu le connais regorge en son sein des âmes blessé sur tout le globe terrestre des personnes qui subisse le visage caché de la vie qui parfois est couvert par une diversité de maquillage pour cacher le font de leur âme qui est prêt à éclater tellement les mots ne valent plus rien plongé par la déprime de savoir que tout pers son sens fur et à mesure que le monde évolue on se dirait assurément plus les choses évolue moins l'homme devait se trouvé dans ses conditions les plus atroce ou l'humanitaire est symbole d'intérêt personnel et non d'amour sincère qui devrait promouvoir un monde plus responsable et solidaire cela ne met pas en cause qu'il y a des âmes bonnes qui savent emmener la lumière dans un monde en plein crise d'adolescent qui ont du mal à garder leur jouait explosif pour le bien-être de l'espèce humaine je serai un peu honteux si c'étaient les enfants qui réagissaient comme ça mais toute/8fois on peut être mature de corps et immature d'esprit en croyant que produire le chao est le moyen pacifique de rendre le monde moins délinquant au fond l'homme cherche à arrêter quelque chose dont il n'en a pas le contrôle aujourd'hui il en existe tellement d'organisation qui cherche à maintenir l'ordre et la paix dans le monde mais nous ne comprenons pas pourquoi il y a toujours autant de guère autour de nous on pourrait l'illustré comme une flamme qui a des tentacules après l'avoir éteint à gauche elle renait à droite si elle perd sa force à droite elle surgit au centre c'est comparable à une boucle fermé en français facile une chaine alimentaire en premier lieu la logique voudrais qu'il y a la paix partout dans le monde sauf que c'est juste une théorie qui n'a jamais porté ses fruits parce que tant que l'homme est un être changeant qui varie selon ses humeurs en effet hier il t'a parlé de paix mais qui sait si aujourd'hui ou demain il te parlera de guère en vrai personne ne peut cerné ce qui se cache dans les ténèbres de l'homme à savoir comment les pensées obscures de l'homme sont-ils représenté dans son cœur ? Vers quelle couleur tend il le plus le blanc, le noir ou le rouge ? C'est une question qui reste posé à tout le monde maintenant c'est de savoir qui est à même d'apporté la paix mais surtout de le maintenir car l'homme a lamentablement échoué cela ne date pas d'aujourd'hui mais depuis des siècles avant nous c'est la raison pour laquelle nous devons nous interroger sur les méthodes ou pratiques que nous utilisons est-ce que sa favorise la paix ou bien la guerre ? Nous n'ignorons pas que le mal de l'homme commence par l'intérieur avant de finir à l'extérieur lorsqu'un homme ou un peuple est détruit de l'intérieur ne vous attendez pas qu'ils vous produisent de l'eau de paix mais redouter surtout l'acidité de leur cœur qui ne désir qu'une chose vous voir leur ressemblé bien des vies aujourd'hui on perdu le gout de vivre soit à cause des décisions d'en haut notamment les dirigeants qui se discutent le trône comme celle du Soudan et le peuple empathie soit une situation malheureuse percute leur vie la douleur est immense le monde pleure mais nous avons toujours pas trouver le remède qui stoppera la propagation du poison beaucoup crache du sang dans des villes car les empoisonneurs sont les mêmes qui dit vouloir trouver le remède plus précisément ils veulent jouer au sauveur pour cacher leur cruauté au nom de qui, au nom de quoi pensons-nous avoir ordre de faire le gendarme du monde alors que les résultats sont en dessous de la moyenne si un homme a du mal à se procurer lui-même la paix qui doit maintenir sa vie dans un confort temporelle comment sera-t-il à mesurer de garantir celle du monde ? Et si la paix était une monnaie d'échange combien s'en procurerai qui serai amabilité de l'avoir vers qui se tourner pour l'obtenir seront nous capable de garantir une quantité suffisante à ce qui nous précède dommage que la paix n'a pas de prix personne de peux payer la paix de même que personne ne peut garantir son efficient indéfiniment tout compte fait la paix est en chacun de nous parce que le seigneur a dit je vous donne ma paix je vous laisse ma paix mais compte-tenu de l'instabilité émotionnel de l'homme elle aura des difficulté d'être effectif dans tout le globe terrestre d'où le défis est lancé un monde sans guerre sans conflit pendant une journée sera le plus grand exploit que l'humanité n'ai jamais connu

On aimerait que le monde ressemble à un havre de paix un monde sans délinquance, sans violence, sans guerre, sans famine, sans épidémie mais lorsque nous faisons la liaison de la vie de l'homme on se rend compte que cela n'est qu'un imaginaire qui prend bien forme dans nos pensée mais qui a du mal à se réaliser dans nos action tout ne peux pas ressemblé au bonheur ni à la joie forcement il y aura un peu d'amertume un peu de peur au-dedans de l'homme parfois la peur est utile à l'homme pour lui éviter de se mettre en danger si l'homme n'avait peur de rien on aurait enregistré dans chacune de nos villes plus de morts que celle qu'on enregistre maintenant à cause de la méchanceté de l'homme que faire maintenant bien que nous savons qu'on ait tous exposé à rencontrer ce qui nous effraie le plus mais quoi qu'il en soit l'homme est un être qui s'adapte au condition que lui propose son environnement je ne cesserai pas d'avoir du respect pour ses hommes, femmes et enfants qui vivent dans des endroits où les tirs à feu son comparable au feu d'artifice l'homme avant même qu'il atteigne l'âge adulte se donne un idéal à atteindre même s'il n'a pas la garanti que cela se réalisera il a cette capacité à penser l'avenir différent d'un animal qui lui vit l'instant-té la vie n'est pas aussi réjouissante qu'on le pense autrefois on pensait que pour rendre la vie belle il suffisait d'avoir beaucoup d'argent et tout était réglé mais on s'est rendu compte que les plus gros scandale dans le monde sorte le plus souvent de la classe aisé et on se demande avec tout cet argent comment il ou elle ont pu faire une telle chose parce que la nature nous enseigne que l'homme est un être insatisfait il y a pas plus insatisfait que l'homme sur cette terre c'est pourquoi on se retrouve parfois dans des conflits qui n'a ni tête ni queux qui implique tout un peuple du fait que le leader à exprimer un caprice colérique vis-à-vis de son voisin et un bon matin tout un pays se retrouve en guerre des femmes et des enfants se retrouvent prisonnier prisent au piège par des évènement qui bouleversera la vie de plusieurs car beaucoup verront leur enfant se faire abusé, violenté et assassiné des femmes enceintes maudiront ce jour d'enfanté leur enfant en période de guerre ou parfois le père a déjà perdu la vie sur le champ de bataille le sang des pauvres innocent couleront comme du vin rouge dans des villes, villages et campement personne pour leur venir au secours pendant que les auteurs de cette guerre feront évacué leurs familles dans des pays étranger comme symbole d'avenir lorsque le calme et la tranquillité reviendra dans le pays une forme d'injustice qui n'ai jamais traité dans nos pays au cris des larmes que le pauvre cherchera sa famille qui a surement succombé pendant la guerre mais qui pour répondre ou pour payer les dégâts causé on pense que l'argent fait tout ou résous tout mais de mon vivant l'argent n'a jamais ramener un mort arracher par les griffe de la guerre voilà dans le monde où vit l'homme un matin tu te réveilles il y a la paix dans le pays la joie la bonne humeur et un autre jour le chao fait place apporte désolation et tristesse total mine de rien la vie de l'homme peut basculer à tout moment soit par un choix qui provient de vous ou bien de quelqu'un d'autre certes Dieu nous a donné le choix pour ne pas s'initié dans nos vies sans qu'on lui en donne l'autorisation signe de respect et d'amour qu'il porte envers sa création la paix dont l'homme a besoin ne se trouve pas dans les accord ou des traiter signer par des organismes internationaux la paix dont l'homme a besoin se trouve au côté de son Dieu qui déclara ceci je vous donne ma paix je vous laisse ma paix non pas comme celle des hommes fin de citation.

Les problèmes de l'homme c'est l'homme lui-même le danger de l'homme c'est l'homme lui-même lorsque les hommes décident de mettre les armes sur le marché mondiale ils savaient en retour que cela devait provoquer l'insécurité, les conflits entre peuples, des génocides et des guerres dans cette mafia on est endroit de se poser la question qui tire les ficelle du jeux les même qui vendent les armes sont les même qui dit lutter contre le terrorisme on est dans une boucle d'hypocrisie c'est l'intérêt qui guide leur choix le monde est pour moi un marché qui n'a pas de limite des hommes, des peuples et des territoires sont mis aux chers et celui qui aura le plus d'argent sur la table se verra contrôlé le marché il Ya des choses que les dirigeant de pays ne diront jamais à leur population lunda les accords, les traités, les coopérations c'est pourquoi plusieurs agents d'état prête serment au vu de ce qu'ils découvrons à la prise de leur fonction c'est pourquoi la vérité ne peux se trouver dans le monde du fait qu'aucune nation n'ai vrai avec son peuple le pire dans ça on cherche toujours des boucs émissaire qui n'est rien d'autre que le terrorisme mais les vrai terrorismes sont en costard gravette il rallie un pays à un autre sans être inquiété leurs passeports sont plus blanc que neige ils ont des sourires des anges mais derrière leurs apparences jovial se cache des agendas diabolique on dirait les fils de santas en costumes qui n'ont ni pitié de l'enfant ni de la femme ils prennent plaisir lorsque des pays entiers sont fouetté de la famine ou de l'épidémies ils ont fait le choix de suivre le mal au lieu du bien et pour sa ils sont prêt aller au-delà des mots qu'on ne peut retrouver dans le dictionnaire Larousse en terme de cruauté   sur nos chaises présidentiel le sang n'effraie personne car plusieurs son élu pour çà leur mandat a pour but d'augmenter l'insécurité dans le monde créer des nouvelles épidémies pour décimer l'être humain car pour eux on est des êtes inferieur du non appartenance de leur religion ou loge on peut se demander si cela prendra fin mais je suis au regret de vous dire tant que le malin existera les fils du malin continuerons à faire la guerre à l'homme quel que soit le sexe confondu l'âge confondu ou le statut social confondu parce qu'ils sont né pour faire vivre le chao dans un monde de paix et d'harmonie maintenant il y a une seule façon de lutter contre eux c'est pas le fait de prendre les armes tous ceux qui l'on fait sont devenu des meurtrier comme eux la seule façon de lutter face à leur contagion est de vivre avec l'amour car l'amour est le remède qui guéris tous les maux un peuple unis dans l'amour du prochain ne trouvera pas son réconfort ou sa paix en tuant son prochain un peuple plein d'amour est un peuple plein de compassion aujourd'hui le mal sévit l'homme qu'on pense que le mal est plus en s'en vlogue que le bien détrompez-vous le bien est enfui au plus profond de chaque homme sinon beaucoup d'homme après tout le mal qu'ils auraient commis n'auraient jamais connu la conversion de leur cœur quitté d'un état animal ou le sentiment vertueux de la vie, l'empathie, la compassion, le pardon n'existe pas pour un état d'amour ou l'harmonie, la paix, la cohésion, l'unité, le partage, la bonté est inscrit en loi d'honneur pour un monde plus chaleureux accueillant celui qui pousse pour la première fois son cris dans le monde de vivant une assurance pour ceux qui sont à deux doigt de rejoindre l'au-delàs l'amour a fait ses preuves ou les discours vaines avaient échoué la semence de la haine est celle qui produit plus de récolte parce qu'elle ne prend pas assez de temps pour produire ses fruits l'homme aime ce qui est facile à utiliser ce qui ne lui demande pas assez d'effort ni même de sacrifice alors que la semence de l'amour peu de personne attend pour manger de son fruit car ils disent la justice prend assez de temps mieux nous faire justice nous-même d'autre se disent n'êtes pas capable de se sacrifier pour le bien d'un plus grand nombre bien que l'amour supporte tout au nom de quoi ou de qui tuons nous les autres, détruisons-nous les autres qu'elles amour utilisons-nous pour consolider nos amitiés ? Le monde d'où on se trouve cherche encore jusqu'ici ce que sait réellement la paix dans le langage humain à vrai dire le péché empêche l'homme de connaitre la paix parfaite qui vient de Dieu celle qui n'est soumise à aucune variation de temps

Pour terminer j'aimerais dire que chaque homme est habité du bien ou du mal car ce sont ses deux entités qui gouverne le monde nous avons chacun pour sa part le choix de choisir l'un d'entre eux car personne ne peut être neutre soit tu es dans les ténèbres soit tu es dans la lumière le choix revient à chaque homme de choisir ce qui est bon pour lui et d'assumer les retomber de son choix en définitive quoi de plus mieux que de choisir la lumière car nul ne peut se cacher face à la lumière Amen.

Comment l'homme ce sens lorsque rien ne ressemble à ses attentent que ressens un homme abuse par les évènements malheureux de la vie la vie peut être cruelle des fois la réalité nous apprend avoir confiance en nous mais aussi à nous rejeter nous-même c'est difficile de vivre mais c'est facile de mourir quoi de mieux de vouloir abréger ses souffrance lorsqu'on pense être invisible aux yeux de la vie pourquoi la vie me donne tant de fils à retord qu'ai-je fait pour ne pas recevoir son indulgence à rendre mon quotidien peu stressant me voilà me battre avec les journée du fait qu'il refuse de me donner la ration quotidienne qui est sensé augmenté les jour de mon pèlerinage sur terre mais au lieu de çà je mendie et je suis privée des privilège que doit avoir un homme la santé, la paix et le bonheur est-ce vrai ce que l'on dit sur moi l'avenir lui a vomi s'est avec douleur, chagrin et humiliation que la terre recueillera le peu des os que la souffrance n'aura pas dévoré la peur a envahi mes nuit le jour est de mèche avec la misère pour m'entendre dire maudit soit le jour qui m'a vu naitre pourquoi tant de haine sur votre regard qu'a-t-on fait de mal nous ne demandons qu'à vivre et de profite de ce que la vie à offrir de bon mais notre réalité ne le vois pas de cette œil le pauvre continue de souffrir le malade voit sa maladie prolongé on nous fait comprendre que c'est l'équilibre de la vie c'est pas tous les hommes qui sont appelé à être heureux ni en bonne santé ni riche mais ma question pourquoi avoir permis qu'il naissent si leur sort était scellé d'avance aujourd'hui l'homme n'a plus peur de mourir cependant il a peur souffrir il s'inquiet de ne rien laissé à sa progéniture lorsque la terre fera appel à son âme des sociétés son troublé du fais que des années, des décennies s'évapore mais leur condition social reste les mêmes comment concevoir que ce qu'on veut n'est toujours pas ce qu'on obtient et que ce qu'on obtient est de loin ce qu'on veut au pire des cas l'homme s'habitue à ce qui n'est pas conventionnelle à sa destinée la vie peut-être souriante quand cela l'enchante mais très désagréable quand elle veut mais c'est la vie

Regardons la vie comme n'ayant aucun riche aucun pauvre sa semble fou de ma part de penser ainsi je suis d'accord avec vous mais néanmoins comprenez que la vie ne prend pas son sens positif ou négatif à cause d'une position ou d'un statut social la vie en elle-même est neutre elle réagit comme une chute d'eau qui coule pour pousser ses eaux au loin

La vie ne date pas de maintenant elle comptabilise en elle-même des milliards d'année qui retrace la généalogie humaine depuis son premier souffle sur la terre dont l'auteur est DIEU elle a parcouru des âges anciens, elle a vu des civilisations naitre et mourir en ayant toujours soif de savoir ce qui viendra après

Pour moi la vie s'est le temps elle n'arrête pas de venir et de partir s'est un voyageur qui après un voyage prend gout d'un autre s'est pareil qu'un champion après une médaille il en désir encore une autre s'est pour dire on ne sait pas quand est-ce la vie finira seul celui qui en est l'auteur en a les réponses

La mort n'est qu'un bouton d'arrêt de la vie dans un système en marche continue il suffit qu'on ré- appuie sur le bouton marche pour voir la vie réapparaitre aux yeux d'un mortel qui pousse son premier crie au sorti des entrailles de sa mère envelopper d'une chair corporelle pour marquer le début d'une nouvelle aventure sur terre

La vie est un chant de répétition pour permettre à tous les hommes de l'écouter dans un rappel passé un instant présent et une suite avenir des évènement heureux et malheureux qui ce sont déroulé pour écrire des histoires vrai qui parle de toi de ton passage de ton vécu de l'homme ou de la femme que tu étais dans ce monde terrestre

La vie a vu des hommes naitre et mourir par la suite elle a vu la joie être le meilleur ami de l'homme et la tristesse comme un enfant illégitime elle a supporté la douleur de la maladie elle a accepté la déception du cœur, l'humiliation de la chair et elle a entendu des secrets intouchable qui lui ont rendu muet les interrogations de la vie sont multiple au milieu de la race humaine on est parfois confronté à des difficultés qui ne dit pas son nom pour connaitre la personne que nous sommes à l'intérieur avant de nous ouvrir à l'extérieur pour ce bas monde qui aimerait connaitre les causes de notre venu sur terre d'où ils nous aient avantageux de connaitre l'origine ou la provenance de cet Or précieux qui n'est aucunement facturable par une money de la terre

Si l'on considère les multiples facultés et capacités de notre être la vie est considérée comme un cadeau ou un parfum de bonne odeur merveilleux à celui qui le conçoit tout en rappelant que nous avons des yeux pour voir des oreilles pour entendre une bouche pour parler un cerveau pour penser un cœur pour aimer des pieds pour courir et des main pour façonner n'est-ce pas un don de grande valeur

Mais d'où vient ce dont de la vie que chaque être vivant peut partager avec son prochain sa famille ses parents ses amis ses collègues qui pourrions-nous remercier pour ce cadeau cette offrande dont l'être humaine désire pour crée une histoire, bâtir un empire tracer une généalogie qui parlera de son passé de son présent et de son avenir

Comprenons que dans la logique des choses s'il y a un don il y a forcément un donateur dernière GENESE : 2V7 << L'Eternel Dieu format l'homme de la poussière de la terre, il souffla dans ses narines un souffle de vie et l'homme devint une âme vivante. >>

Des milliards d'êtres humains à travers le monde sont immergé par des théorie savantissime qui explique l'origine de la vie de manière mathématique et physique en nous attribuons le singe comme notre ancêtre qui aurait évolué au fur du temps si seulement si cette théorie est vrai pourquoi l'homme d'aujourd'hui est stagné dans son évolution et comment comprendre que d'autre singe nos pas subi cette même évolution que vous et moi avons aujourd'hui

L'être humain est l'espèce la plus complète en terme de création au bout des milliards d'années l'homme à travers l'ouvrages de la science, la recherche et la découverte a démontré qu'il y a des seconds en terme d'intelligence sur la surface de la terre comme le dauphin, chimpanzé et la pieuvre cela revient t'à dire que l'homme ne peut obtenir sa vie que de quelqu'un de plus supérieur que lui en terme d'intelligence pour lui expliquer d'où vient-il réellement

JUGES : 2V10 << Toute cette génération fut recueillie auprès de ses pères, et il s'éleva après elle une autre génération, qui ne connaissait point l'Eternel ni ce qu'il avait fait en faveur d'Israël. >> Combien d'être humain naissent de partout le monde mais n'a aucune connaissance de celui à qu'il doit la vie chaque jours que le soleil se lève et se couche

Si je me pose cette question d'où j'étais caché avant que je naisse la science me dira dans la semence de mon père ce qui est totalement vrai si je pose cette même question à mon père, au père de mon père en allant jusqu'à la racine ils viendront tous me rejoindre j'étais dans la semence de mon père or si nous voulons trouver l'origine d'un homme nous devons repartir à la création même de cette homme

GENESE : 1V26 << Puis Dieu dit : Faisons l'homme à notre image, selon notre ressemblance et qu'il domine sur les poissons de la mer, sur les oiseaux du ciel, sur le bétail, sur toute la terre, et tous les reptiles qui rampent sur la terre. >>

Je comprendre pourquoi ce n'est pas le dauphin, le chimpanzé et la pieuvre qui ont découvert que l'homme faisait aussi parti des espèces intelligentes sur terre parce qu'il n'en ont pas cette capacité requise de le faire parce qu'aucun d'eux n'est à l'image de Dieu or l'homme est la souche parfaite de Dieu qui est fondateur, propriétaire et même président directeur générale du patrimoine appelé univers s'est pourquoi tous les scientifiques qui feront des recherches sur l'origine de la vie en dehors de Dieu finiront tous par se plantés et leur découverte seront des simples archives comme tout autres fourré dans nos bibliothèques ou musés de prestiges en signe de remerciement de leurs efforts bien que le doute plane toujours dans le cœur de l'homme à la recherche d'une explication claire et précise non basé sur des théories mais sur des faits réel et concret pour ôter le voile sur le mystère de la création et de son créateur

Autant des mathématiciens, des physiciens, des savant et des philosophe ce succèderons personnes en dehors de Dieu créateur de toute chose ne seront à même de nous démontré clairement l'origine de la création dans sa forme et son fond en allant du système solaire jusqu'à la naissance de la vie du premier homme sur terre

Voilà la science qui est caché à l'être humain pour qu'il ne se glorifie ou ne se vante d'une chose qui ne l'ait pas prescrit d'expliquer au vu d'exploser son cerveau limité par la connaissance terrestre qu'il possède s'est pourquoi le souffle de vie n'est pas achetable dans les supers marché ou des espaces commercial lorsqu'elle s'en va de notre corps de poussière

Le pouvoir de la vie ne peut être au contrôle des mains d'un terrestre je crois jusqu'à mon dernier souffle sur la terre que Dieu ne fera jamais cette erreur de donner ce secret à l'homme il suffit simplement de regardé ce qu'ils sont capable de faire grâce à des richesses minières au lieu que sa servent aux choses qui pérennise la vie sur terre s'est devenu la chose qui détruit massivement la vie sur terre il s'agit des armes nucléaires

Le plan de Dieu sur la terre est que nous appartenons à sa famille car chaque être humain sur la terre a été créé pour son bon plaisir il est capable de se rabaisser à notre niveau pour nous démontré l'amour qu'il a pour nous s'est surprenant qu'un homme qui commet des génocides sur la terre peut toujours avoir l'accès au pardon de ses péché car l'amour de Dieu est loin comparé à celle des hommes s'est pourquoi personne ne peut dire Dieu ne peux pardonné ou expié mes fautes car le seule ayant le mode d'emploi de notre fabrication il en a aussi l'option effacer le péché quel que soit les plus atroces commis pendant ton existante PSAUMES : 149V4 << Car l'Eternel prend plaisir à son peule il glorifie les malheureux en les sauvant. >>

L'homme ne s'est pas pensée lui-même, il ne s'est point imaginé aussi les théories scientifique s'acharne à vouloir démontré qu'il n'y a pas de créateur et s'il y en avait il ne dominerait point sur sa création mais pourquoi lorsque vous périssez de cancer et qu'il n'y a plus d'issu favorable pour vous et tout à coup vous voilà totalement guéri non pas par la science que vous démontrez être votre dieu mais pars celui qui fait don de sa vie à qu'il veut et quand il veut sans rendre des comptes à personnes savez-vous que le centre d'amour de Dieu ne se port pas vers les animaux bien qu'il les aimes ni l'environnement bien qu'il aime aussi parce que le centre d'amour de Dieu laissé moi en rajouter un peu la concentration d'amour de Dieu se porte vers vous circoncis et les incirconcis de ce monde car vous n'êtes pas que une simple création vous êtes ses enfantes

La vie est le savoir qui permet aux civilisations passé, présent et avenir de connaitre Dieu car l'absence de Dieu au milieu des peuples engendre la peur l'inquiétude la famine l'épidémie les guerres mondiale, les génocides, les guerres civil, les guerre ethnique, les guerre territorial, s'est tellement partout dans le monde qu'on ne sait plus où se réfugier des familles sont déloger d'un abri à un autre l'homme comme la femme est abuse physiquement moralement émotionnellement ont fait face à un monde en plein déclin ou le fort domine le faible et le riche piétine le pauvre

PSAUMES : 33V11 << Les desseins de l'Eternel subsistent à toujours, et les projets de son cœur, de génération en génération. >>

Voilà une chose sur laquelle chaque être humaine peut s'appuyer pour ne pas passer à coter de sa destine car Dieu est présent à chaque génération de la vie sur terre pour servir de guide ou bien de boussole porter secours en cas de besoin et de problème major dont l'homme sera incapable de gérer beaucoup de gens ce suicide dans le monde se drogue se prostitue et se livre à l'ivresse de l'alcool car ils ont tourné le dos à celui qui est à même de leur aide lorsqu'il font face aux démons de leur vie

Comme nous l'avons dit plus haut la vie est un cadeau, un don précieux mais cela est rien comparer ce que je vais vous dire toute de suite la vie s'est Dieu manifester en l'homme s'est pourquoi personne ne peut payer ou acheter la vie Dieu se voit en nous par sa vie n'est-ce pas magnifique si deux parents voient leur bébé poussé des cri à la naissance en ayant dès l'armes de joie surtout quand s'est leur premier né s'est comme un exploit pour eux d'avoir procréé la vie en un homme à plus fort raison Dieu qui est père de la race humaine ne serait-il pas réjoui de votre venu

Tout commence à partir de ses mots du seigneur donnons la vie à l'homme et les capacités qu'il faut pour dominer l'homme qui n'a pas de vie ne peut prétendre dominer un jour comprenons que dominer c'est la capacité à gérer les circonstances de la vie et non monter sur les autres et en faire nos esclaves la particularité d'un homme qui comprend ce message du seigneur ne peut demeurer mort d'esprit et resté vivant de chair

Nous avons plus de mort en esprit errant sur la terre que nos corps de poussière inanimé en foncé dans une tombe au cimetière cela veut tout simplement dire qu'il y a des mort vivant sur terre une personne qui vit déconnecté de Dieu n'a pas de vie proprement dit son esprit est perdu GENESE : 3V8-9 << Alors ils entendirent la voix de l'Eternel Dieu, qui parcourait le jardin vers le soir, et l'homme et sa femme se cachèrent loin de la face de l'Eternel Dieu, au milieu des arbres du jardin. Mais l'Eternel appela l'homme, et lui dit : où es-tu ? >>

Dieu cherche sa création en Afrique, en Europe, en Amérique, en Asie, en Antarctique, en Océanique et dans bien d'autre lieu de la terre ensuite il pose la question où êtes-vous on cherche pas quelque chose qui n'a pas de valeur Dieu n'pas demandé après le serpent qui était sous l'emprise du malin car il n'a pas de valeur aux yeux Dieu mais toi oui toi qui lit ce bouquet tu as de la valeur in estimé au yeux Dieu plus besoin de te cacher montre toi seulement à lui tel que tu es et ta vie ne sera plus jamais la même

Je ne peux commencer mes propos sur la vision sans parler de celui qui en est le fondateur même de la chose lorsque nous regardons l'architecture de l'univers il n'y pas de comparable sur toute la terre la disposition et l'emplacement de chaque galaxie dans le système solaire est impeccable au mieux il n'y a pas d'architecte né par une femme ou né d'un être divin qui aurait une vision aussi nette que la sienne en terme de conception et de réalisation de projet à cours et à long terme s'est pourquoi son nom c'est l'Eternel le père de l'existence tout commence par lui et tout fini par lui rien de plus beau qui a été bâtie par la main de l'homme n'est aussi durable et confortable que l'ouvrage de Dieu si nous pouvons seulement calculé le nombres des vivants qui sont venu sur terre et reparti par la terre ils vous diront pas un jours pas une nuit ils ont manqué d'oxygène ou bien que l'eau en a disparu sur toute la surface de la terre toutefois que le pain a pu manquer s'était à cause de la gourmandise incessante des hommes de prendre même ce qu'ils n'avaient pas semé et en devenir propriétaires ce qui est très loin de cadrer avec la vision de Dieu pour les peuples PSAUMES : 24V1 << A l'Eternel la terre et ce qu'elle renferme, le monde et ceux qui l'habite ! >> nul d'autre que Dieu est propriétaire de tout sur la terre s'est pourquoi il a le pouvoir d'enrichir comme d'appauvrir sans faire acception de personne

Parlons maintenant de la vision que veux dire ce mot qu'a-t-il avoir avec la vie ou quel lien ont-il en terme de collaboration pour ne pas les dissociés lorsqu'on parle de la vie de l'homme on regarde plus à la vision qu'il porte au-dedans de lui car chaque homme est né avec une vision bien précise pour la construction d'un monde où il fait beau vivre la vision est la carte d'identité qui te donne accès aux choses que d'autre considère comme impossible à faire sur le plan humain qui pensait un jour qu'on allait connaitre l'avion avant son invention ou bien parcourir l'espace je crois que à une certaine période de la civilisation humain cela était impensable mais la vision à permis aux hommes de dépasser leur limite en terme de savoir et d'objectif à atteindre dans la vie la vision est ce qui te rend la vie simple, simple ici veut dire vous savez quoi faire et vous avez des réponses à tout moment

La vision est l'endroit où Dieu à provisionne les besoins de l'homme afin qu'il ne soit pas errant sur la terre cherchant à tout faire mais qui n'ont la maitrise de rien à vrai dire le problème actuelle de la race humaine qui n'ont pas encore su ce qu'il faut faire de leur vie c'est parce qu'ils n'ont pas encore découvert leur vision et pour ma pars s'est les plus marginalisé au point certains en profite de leur ignorance s'est difficile mais c'est la réalité de savoir qu'une personne sans vision assistera toute sa vie les autres sans jamais mettre ses idées en valeur pour le bien de tous des personnes en manque de vision on toujours du mal à s'affirmer partout où ils vont s'est comme une barrière qu'ils se mette eux-mêmes avant même que les autres ne les rejoindre dans ce qu'il pense d'eux-mêmes et la société actuelle est confronté à ce phénomène qui est plus dangereux que la maladie parce que sa poussera aux gens de faire ce qu'ils ne sont pas appelé à faire comme des femmes qui se prostitue, des hommes qui se drogue et par la suite devient des criminels, des sans abri et des famille qui doivent vivre avec un revenu en dessous de la moyen le manque de vision appauvrit et rend misérable ils poussent les hommes à vivre sur la base des circonstance plus qu'ils y a pas de travail alors je vais volé mais à la base cette personne n'ai pas né pour voler ni pour devenir droguer ni pour vendre son corps pour de l'argent mais le fait de ne pas comprend pourquoi on est né et qu'elle est notre rôle on aura du mal à savoir quel est notre vision dans vie. la vision est le point de départ de ta vie elle est en quelque sorte la graine de ton investissement et nous savons tous que sans la graine il y a pas de fruit à la récolte mais beaucoup veulent devenir grand or ce qui leur permettrais d'envisager une telle chose sommeille au-dedans deux LA VISION s'est pourquoi nombreux vivent comme des esclaves alors qu'ils sont des princes et des princesses inconscient de leur état cela produit des frustration, des désolations, des échec répéter, des problèmes qui pouvait être évités s'ils avaient opté de vivre avec une vision bien claire de ceux qu'ils veulent de leur vie

L'absent de vision contribue au maximum à la précarité de l'homme autant plus que la famine dans le monde notons que toute chose réalisé dans ce bas monde est le fruit d'une vision qui au début était imaginaire mais par la suite a été enfanté pour donner naissance aux empire puissante que nous contemplons tous aujourd'hui par des ouvrages qu'ils ont bâtie au fur des siècles le point le plus marquant dans ce paragraphe est le fait que des milliards d'individu naissent avec une vision et meurt sans enfanté cette vision et cela produit un manque considérable dans toutes les sociétés du monde dont leur effort ne peux à eux seule comblé le vide de toutes ses personnes qui ont fui la responsabilité de portée leur vision jusqu'à l'état final l'homme la vie et la vision sont indissociable on peut avoir l'un sans l'autre car on ne parle pas d'homme sans vie et on ne parle pas de vie sans vision s'est pourquoi il n'y a pas de vision sans homme et l'homme n'est rien sans sa vie nous savons tous que chaque homme est unique de même que sa vision cet adage dit si tu vole la vision d'un l'homme considère qu'il n'aura plus rien à offrir……

La vision est le déclencheur de toutes les inventions et des créations que le monde a connues jusqu'ici elle est la lampe qui éclaire notre chemin pour qu'on n'ait pas du mal à voir ce qui est devant nous la vision ne s'arrête pas simplement à donner une direction bien déterminer mais va même au-delà elle nous empêche parfois d'accuser les autres d'être le problème de ce qui nous arrive lorsqu'on refuse d'accepter nos erreurs surtout elle sait nous mettre dans le fait accompli des choses que nous refusons de croire que pouvons-nous faire lorsque notre vie ressemble à une survie dans un monde moderne au lieu d'une vie épanoui dont nous profitons chaque instant même en temps de crise ce que nous pouvons faire s'est d'avoir une vision qui te donne l'itinéraire des choses à confronter bonne ou mauvaise mais l'essentiel est que tu connais où aboutira ta vision au-delà des évènements malheur qui pourront se produire au cours du chemin la vision est la garantie à 99% que tu réussiras ta vie si tu respectes les conditions et les préceptes que cette vision te demande comme sacrifice à faire car chacun pour sa part à une vision et des critères bien propres à lui pour certain il faut terminer leur études d'autres il faut se lancer plus vites dans le mondes du travail d'autre il faut d'abord s'éloigné de tous ceux qui peuvent les distraire comme l'alcool le sexe la drogue et j'en passe mais pour certains s'est pas un obstacle car toute vision n'aboutit jamais sur le même podium d'élévation s'est pourquoi on ne peut forcer autrui à adhérer à sa vision car rien ne dis qu'on est appelé tous à vivre les mêmes réalités ou défis

La vision est la sécurité que tout homme devrait avoir pour bâtir un monde meilleur il est plus sur de marcher avec une vision car à n'importe quel moment elle te portera vers le haut au lieu d'attendre que les autres viennent tout faire à votre place. Réussir a toujours été une question inhérente à la vie sociale de l'homme d'ailleurs si nous jetons un œil sur les œuvres de nos prédécesseurs nous nous rendons compte de combien cette question leur a toujours tenue à cœur la vision consiste donc à savoir où nous allons et à quel domaine nous appartenons car tout le monde a un domaine de prédilection et tant que cela n'est pas découvert on ne peut accéder à notre voie vers le succès on peut aussi découvrir sa vision à travers ce que l'on a en nous c'est-à-dire notre talent ou notre passion la vision humaine est la perception liée au sens de la vue pour les êtres humains qui en bénéficient pleinement la vision joue un grand rôle dans leur vie en leur permettant avec les autres sens de connaitre leur environnement ainsi que leur corps et de guider leur action aujourd'hui la relativité de la perception que chacun peut avoir du monde permet aussi de mieux se comprendre soi-même et d'accepter les approches différentes des autres toute personne voyante a un accès immédiat à une vision parce que chaque homme est porteur d'une vision le problème maintenant est que nous avons pas tous la même conception plusieurs dans ce monde vivent le jour le jour sans s'inquiété de l'avenir pour eux c'est normale parce qu'il non pas la connaissance sur l'importance ou la nécessité d'avoir une vision dans la vie d'autre part cela relève de l'ignorance un manque d'information à leur niveau un homme sans vision est comparable à un aveugle qui marche sans savoir là où il va et à besoin des gens autour de lui pour lui conduire voilà réalité de beaucoup d'homme et de femme regrettable du fait que beaucoup devient aigri envers de ne pas avoir été ce qu'il voulait être non pas parce que c'était impossible mais soit il n'ont pas cherché à réellement savoir qu'il était vraiment car je sais que toute personne qui cherche finira par trouver qui suis-je quand rien ne ressemble à ce que je veux est la parfaite question qu'on devra se poser afin de savoir si le changement doit provenir des autre ou bien de nous c'est pourquoi l'homme doit tirer des leçons de ses échecs comme de ses réussites pour être dans la durée une meilleur version de lui-même j'entends souvent des gens qui décide à devenir mauvais parce qu'on a été mauvais envers lui ou bien faire du mal à celui qui t'en a fait l'homme doit comprendre que parce qu'il est unique il vivra ce que personne d'autre vivra les problèmes peuvent tous se ressemblé mais elle ne se vivent pas de la même manière de même que l'histoire de chaque homme peut-avoir un même livre, un même Bic mais pas la même écriture qui suis-je Quand rien ne ressemble à ce que je veux n'est tout simplement que l'homme bon qui sommeille en toi que tu dois réveiller afin de ne pas sombré dans l'obscurité en temps de crise le temps de crise n'échappera à aucun être humain tu peux être l'homme plus pauvre ou bien l'homme plus riche la crise finira toujours par t'atteindre une crise est une forme d'évènement malheureux ou difficile qui surgit dans votre vie malheureusement beaucoup ressorte différent soit du côté positif soit du côté négatif parfois on n'oublie que la terre sur laquelle on est à enregistré plusieurs crise d'ordre mondiale qui a affecté le monde notamment les guerres mondiale, les épidémies qui on fait des ravage dans le monde comme la lèpre et la peste que dire des génocide qui ont endeuillé plusieurs nations c'est pour dire aucune personne ne peux échapper à la crise maintenant quand cela surgit qui êtes-vous réellement ? la crise pousse l'homme à changer soit en bien soit en mal c'est quelque sorte un révélateur sur la vrai nature de l'homme parce tout le monde à première vue peu semblé gentil parfois courtois mais il suffit d'un évènement qui affecte son cœur vous aurez devant vous quelqu'un d'autre pour dire qu'on ne pense pas réellement connaitre une personne quand le pire n'est pas encore arrivée pour terminer j'aimerais dire que l'homme n'a pas avoir peur lorsque les choses semble contraire parfois l'homme a besoin d'un peu de dure pour manifester le meilleur de lui-même fuir n'est pas la solution, ce suicidé non plus, devenir méchant envers tout le monde n'arrangera pas le problème mais plutôt faire preuve d'une personnalité de fer vous fera gagner le respect de vos détracteurs ce que tu traverses aujourd'hui tu t'en souviendras demain avec sourire alors ne lâche pas il serait trop tôt pour toi de lâché je n'en disconvient pas que c'est difficile s'est sur même que aucun d'entre nous n'aurez tenu jusqu'ici comme toi tu sais pourquoi parce que toi seule peut faire cette épreuve et en sortir vainqueur aujourd'hui tu es dans la position de celui qui en caisse les coup c'est pas grave aussi longtemps que ça ne t'achève pas tu reviendra plus fort parfois le bonheur de l'homme passe par la souffrance, la dure, le rejet et même l'exclusion ça me fait penser à l'histoire de jaebets si tu veux faire de grande choses prépare toi à faire face à beaucoup de haine cet homme qu'on appelle jaebets a subi la haine de ses propres frères car ils revendiquaient qu'il n'était pas digne d'appartenir à leur famille du fait que sa mère était une fille de joie il fut alors jeté dehors et chasser de sa communauté il s'est surement posé les questions que vous vous posez qu'avez-vous fait à la vie pour mériter ce châtiment de vous à moi vous savez que le malheur est comme la présence de la mort elle ne prévient pas pour venir chez vous tout souriant vous la recevez tout simplement devant votre porte et là vous comprenez que c'est votre jour de chance mais la parole de DIEU dit que chaque chose en son temps de même qu'il y a le temps du bonheur et de la bonne humeur de même celle du malheur ne rate pas ça cible lorsqu'elle décide de nous faire un coucou c'est pourquoi la vie est une forme de compétition des moments vous serez au sommets de votre formes mais il y a des moments vous serez au plus bas de votre forme c'est pas quelque chose qu'on contrôle ni qu'on peut régler afin qu'ils nous produisent le même résultat si vous faite bien le constat l'homme est l'être le plus parfais de toute la création il est différent des autres notamment des robots programmables ou des machines aux service l'homme non seulement l'homme n'est pas une machine et celui qui l'a créé ne l'a pas programmé comme un robot c'est pourquoi l'homme expérimente ce qu'aucune autre espèce expérimente prenons le cas de jaebets qui après son exclusion a dû se rabattre vers des personnes qui n'étaient pas des siens il a dû apprendre dans la douleur de forgé un caractère qui devait faire de lui un héros de guerre mais surtout un leader pour son peuple un épreuve difficile, un évènement tragique peut en quelque sort vous éclairer sur votre destiner je ne dis pas que toute personne qui subit forcement ce procès aura une fin heureuse comme jaebets considérons qu'il aurait abandonné lorsque ceux qui voulaient sont mal l'avait mis à la porte au lieu de se battre il aurait opté pour les l'lamentations les accusations ou du fait qu'il se serait apitoyé sur sort au moment que sont peuplé était en détresse ils ont entendu le témoignage celui qu'il avait chassé parfois lorsqu'on t'écarte ne te plain pas ce que tu iras prendre leur servira demain et viendront te prendre en louange lorsqu'ils ne trouveront personne capable de faire ce que tu fais on tombe parfois très vite dans le jument lorsqu'on se sent rejeté ou pas compris par ceux qui nous entourent autrement dit l'homme à peur d'être rejeter par ses semblables lorsque cela l'arrive il développe en lui la rancœur l'esprit de vengeance car pour lui c'est anormal d'être abandonné par les siens donc la meilleur façon pour lui de démontrer son mécontentement est d'agir par la vengeance or je connais un homme qui après tout le mal qu'on lui a fait n'a rien trouvé d'autre à dire au père pardonne les car il ne savent pas ce qu'ils font on est étonné de sa réaction car il aurait pu la rendre la monnaie de leur pièce mais non il a choisi la voie de l'amour cette voie ne peut être empreinte lorsque les flots de de la mer sont en repos l'amour se démontre lorsque la haine se balade dans les rues il est dangereux de penser qu'une personne vous aime lorsque vous n'avez pas encore fait d'erreur laissez parfois l'erreur faire partie de votre parcours de vie pour savoir qui vous aime réellement Jésus l'a démontré son amour non pas lorsqu'on faisaient l'éloges de ses miracles ou des guérison qu'il accomplisait ni du fait qu'on lui apportait à manger ou à boire mais lorsque les mêmes qui ont reconnu qu'il était fils de Dieu l'on vendu ensuite renié pour enfin lui crucifié à la croix cependant il n'a pas trouvé la force de nous haïr comme le ferai surement un autre homme mais nous a montré la preuve de l'amour qui n'a pas de limite elle prend ses racines du Dieu vivant celui qui voit, entent toute chose qui ne fait acception de personne quand il manifeste sa bonté et sa grâce envers l'homme qu'il a créé faisons confiance premièrement à Dieu qui connait les confins du temps et les avènements l'homme est plus en sécurité de traverser l'instabilité avec Dieu qu'avec lui-même car qui pour nous dire quoi faire en temps de crise si ce n'est Dieu seul alors qui suis-je quand rien ne ressemble à ce que je veux je suis un cœur qui compte sur celui qui dit qui je suis.

Printed by Books on Demand GmbH, Norderstedt / Germany